mare

GRIECHENLAND
JAN WINDSZUS

Herausgegeben von Nikolaus Gelpke

Mit einem Essay von Karl Spurzem

VORWORT

„KRETA IST EIN LAND IM DUNKELWOGENDEN MEERE, FRUCHTBAR UND ANMUTSVOLL UND RINGS UMFLOSSEN“

So schreibt Homer im 19. Gesang seiner „Odyssee“ über die griechische Insel, in der Zeit der minoischen Epoche vor rund 3000 Jahren, der ersten europäischen Hochkultur. Auch Herodot, Platon oder Aristoteles berichten über die Herrschaft des namengebenden Königs, Minos, und seine Thalassokratie, die vermutlich erste Seemacht im Mittelmeer.

Auf die kretische Hochkultur folgten die mykenische Herrschaft, die Archaik, später die klassische Zeit, die Perserkriege und die hellenistische Zeit. Bei allen Unterschieden war den griechischen Kulturen über die Jahrhunderte gemein, dass ihre Macht auf Erfolgen bei Seeschlachten und vor allem auf dem intensiven Seehandel des Inselreichs beruhte.

Bis heute prägen die drei griechischen Meere, die Ägäis, das Libysche und das Ionische Meer, mit ihren über 3000 Inseln und fast 14 000 Kilometern Küstenlänge die griechische Wirtschaft, Kultur und vor allem die Mentalität. Das kollektive Bewusstsein für die außergewöhnlich reiche kulturelle Vergangenheit lockt zusammen mit dem mediterranen Klima und dem allgegenwärtigen Meer nicht nur seit je Reisende, sondern bildet auch die Grundlage für die selbstbewusste und gleichzeitig zurückgelehnte Haltung der Einheimischen. Ein Lebensgefühl, das zur sprichwörtlichen Gastfreundschaft der Griechen führt, sie gelassen auf das Leben blicken lässt und vielleicht auch dafür ursächlich ist, dass auf der Insel Ikaria die ältesten Menschen der Welt zu Hause sind.

Nachdem wir gemeinsam erfolgreich den Bildband über Lissabon realisiert hatten, fragte ich den Berliner Fotografen Jan Windszus, ob er sich vorstellen könne, einen Band über Griechenland zu fotografieren. Es folgten viele und lange Gespräche über das Vorgehen; eine leichtere Kamera für schnelles Reisen wurde eigens für das Projekt angeschafft, Windszus studierte unzählige Bildbände und traf sich mit Griechenlandexperten. Schon lange vor einer Reise bereitet er sich akribisch auf seine Arbeit vor, beschäftigt sich intensiv mit den Motiven, dem jeweiligen Tageslicht und den Bewohnern. Vor Ort kann er sich entsprechend ganz dem Moment widmen, dem Augenblick, in dem für ihn alles im Einklang ist, Licht, Ausdruck, Perspektive und Distanz.

Auf vier langen Reisen gelang Jan Windszus dann etwas kaum Machbares: Er erfasste die griechische Einzigartigkeit. Archaisches und kulturelle Bedeutung, kaum vereinbar, jedoch der unvergleichlichen Geschichte dieses Landes entsprungen und in der hellenischen Seele inkarniert, manifestieren sich in seiner Arbeit. Keine Klischees, aber dennoch unwidersprochen das Griechenland, das uns schon immer faszinierte und das man abseits der Touristenorte noch findet. So entstand ein einmaliger Bildband, der uns Griechenland in all seiner Intimität und Größe zugleich zeigt.

NIKOLAUS GELPKE

Skopje
BULGARIEN
MAZEDONIEN
Tirana
Istanbul
Marmarameer
ALBANIEN
Thessaloniki
Strymonischer Golf
Thasos
Samothraki
Thrakisches Meer
Olymp
Thermaischer Golf
Limnos
Saranda
Palia Perithia
Paleokastritsa
Korfu-Stadt
Korfu (Kérkyra)
Analipsi
Larissa
EPIRUS
Parga
Nördliche Sporaden
Alonnisos
Lesbos
GRIECHENLAND
Skiathos
Skopelos
Ägäisches Meer
TÜRKEI
Skyros
Lefkada
Euböa
Chios
Delphi
Chalkis
Ithaka
Theben
Kefalonia
Patras
Golf von Korinth
Athen
Salamis
Piräus
Korinth
Andros
Samos
Navagio
Zakynthos
ATTIKA
Mykene
Ikaria
Tinos
Olympia
Kap Sounion
Kea
Mykonos
Patmos
Syros
Kythnos
Ionisches Meer
Peloponnes
Kykladen
Südliche Sporaden
Hydra
Serifos
Argolischer Golf
Paros
Naxos
Kalymnos
Sparta
Sifnos
Kos
Amorgos
Ios
Myrtoisches Meer
Milos
Messenischer Golf
Lakonischer Golf
Santorin (Thira)
Ia
Dodekanes
Akrotiri
Perissa
Rhodos
Kythira
Kretisches Meer
Mittelmeer
Bucht von Bálos
Karpathos
Kap Tigani
Gramvousa
Kasos
Rethymno
Heraklion
Knossos
Arkadi
Kreta
Kalamaki
Phaistos
Mátala
Kap Martelos
0
50
100
150km

ÜBER DAS GLÜCK,
EIN GRIECHE

Schließt du die Augen, kommst zur Ruhe und spürst den Fantasien nach, die dir beim Denken an Griechenland und die Griechen durch den Kopf gehen, siehst du mit hoher Wahrscheinlichkeit Bilder wie das der heißen roten Felder Attikas, die harten Schatten in den Gassen von Santorin, die ehrfürchtig machenden Überreste Mykenes. Du siehst die schwarz gekleidete Bäuerin hinter der Kirchhofmauer auf Lesbos, die ernsten Mienen der Männer beim Backgammon vor dem Kafenio in Patras, den wilden, stolzen Jäger in den Bergen Kretas, die Gleichmut eines peloponnesischen Esels im Schatten eines Olivenbaums. Du spürst die melancholische Feierlichkeit des Sirtaki beim Dorffest, das fröhliche Abendessen einer Großfamilie in einer Taverne, das entrückende metaphysische Erlebnis des Osterfests in einer Kirche auf Korfu, die herzliche Einladung eines fremden Spaziergängers zum Kaffee. Sinnliche, warme Wahrnehmungen von urwüchsiger Kraft, leuchtend, dunkel, archaisch. Die Bilder wollen nicht weichen.

Aber bald ertappst du dich bei dem Gedanken: Das sind doch bloß Klischees! Dann zwingst du dich dazu, dir statt ihrer die wütenden Protestierer auf dem Syntagmaplatz in Athen hervorzurufen, die steuervergessene Schickeria in ihren Luxusyachten im Hafen von Hydra, die Leergut sammelnde Lehrerin in Thessaloniki, das Elend der nichtshabenden Flüchtlinge an den Stränden der wenighabenden Griechen von Samos. Aber die schönen Bilder drängen mit Macht zurück. Sie siegen in deinem Kopf über die unschönen.

Du fragst dich: Wieso nur ist das heutige Bild Griechenlands und der Griechen so romantisch, so bukolisch wie das weniger anderer Länder? Wie kann es sein, dass dieses Land, seit zehn Jahren traumatisiert von den Folgen der Schuldenkrise, gedemütigt von den Bedingungen zur Rettung und den auferlegten Schuldgefühlen, viel mehr als andere arme Länder Europas, trotz allem so merkwürdig widerstandsfähig und so ungebrochen hoffnungsvoll wirkt und es dich mit seiner stillen Stärke Mal um Mal beeindruckt?

Vielleicht ist es deine Neigung, ihr trotziges Glück nicht anerkennen zu können, das sich über die Unbilden des Lebens stellt. Weil das Glück nur dann glücklich macht, wenn es ohne Makel ist? Aber das Glück existiert nun einmal, und am wenigsten werden dies die Griechen verneinen.

Goethe, der nie in Griechenland war, sich mit dem Land aber inniger beschäftigt hatte als die meisten Griechenlandreisenden, schrieb vor knapp 200 Jahren apodiktisch, unter allen Völkern hätten die Griechen „den Traum des Lebens am schönsten geträumt“.

ZU SEIN

Wie ist – wenn du dir die Verallgemeinerung gestattest – die griechische Seele beschaffen, dass sie alle Widersprüchlichkeiten scheinbar mühelos in eine Lebensweise zusammenfließen lässt, die ihr die Kraft gibt, sich in einem Gleichgewichtszustand zwischen Wünschen und Enttäuschungen zu halten, ein Zustand, den sie seit Sokrates „Glück" nennen?

Beim Forschen nach dem Ursprung dieser griechischen Kraft suchst du auf vielen Feldern: der Geschichte der Griechen, ihrer Kunst, Philosophie und Politik, der Natur und der Verbundenheit mit ihr.

Aber als Erstes kommen dir ihre Mythen in den Sinn. Sind die Griechen nicht die wahren Meister im Mythisieren? Ihre Mythen und Sagen sind in aller Welt berühmt, und sie sind nicht wenig stolz darauf. Ihre Fähigkeit, eine Erzählung des Lebens zu einer behaupteten Wahrheit zu machen, ist bis heute allgegenwärtig. Sprichst du mit Griechen über sie und ihr Land, werden sie unweigerlich bald das alte Sprichwort fallen lassen: „Der Nacken eines Griechen beugt sich keinem Joch." Aber in Wirklichkeit gibt es kein Volk, das so viel Joche zu tragen hatte wie das der Griechen. Ist es möglich, dass in der Mythisierung eine Quelle der Kraft liegt?

Du magst dies für eine die Seele beschützende Verdrängung halten oder für Lebensweisheit, und die Psychologie lehrt, dass realistische Selbsteinschätzung die Seele widerstandsfähig macht. Aber es scheint dir, dass gerade das Gegenteil den Griechen bei der Bewältigung ihrer kleinen wie großen Katastrophen hilft. „Ein Grieche tut alles, was er kann, um die Kluft zwischen Wunsch und Wirklichkeit zu vergrößern", schrieb der Athener Philosoph Nikos Dimou 1975 und meinte damit dessen Eigenschaft, auch seine alltäglichen Lebensbedingungen permanent zu mythisieren – sei es der Mythos der „richtigen Beziehungen" oder der „ausländischen Intervention" oder der, ein „auserwähltes" Volk zu sein, um einige der vielen zeitgenössischen Mythen zu nennen. Wie auch immer, es kommt dir vor, als sei der antike Streit zwischen den Apologeten des Mythos und des Logos, zwischen wärmendem Narrativ und kühlender Aufklärung, bis heute unentschieden. Es fällt dir auf, dass es eine Spannung gibt zwischen dem Talent zum Mythos und den Ängsten der Griechen. Merkwürdigerweise lähmt sie das nicht, sondern es macht sie vielmehr lebendig und schöpferisch.

Die Mythen sind, so sagen sie, ein Geschenk der Götter. Die Ängste aber lehrt sie die Geschichte. In ihr liegen die Wurzeln für das Unglück, das aus dem Abstand zwischen Wunsch und Wirklichkeit der Griechen wächst.

Du führst dir ihre Geschichte vor Augen und bemerkst, dass du dafür ausholen musst.

In dem Überschwang, mit dem sie in ihrer großen klassischen Epoche die Errungenschaften von Demokratie, Philosophie, der Baukunst und Bildhauerei feierten, verloren die alten Griechen den Blick für den Neid der Nachbarn. Nun sahen sie zu, wie die Perser Dareios und Xerxes sie ihrem Reich untertan machten. Ihr Retter vor den Heeren aus dem Osten war Alexander der Große. Für die folgenden Triumphe in den Gegenschlägen seiner Persienfeldzüge – die letzten großen Siege der Griechen bis heute – schien sich die Geschichte für immer an ihnen rächen zu wollen. Das Römische Reich beendete die große politische Erzählung der unabhängigen

Griechen für zwei Jahrtausende. Nacheinander herrschten von nun an Ostrom, die Osmanen und Venedig über die Griechen – Epochen, in denen sie sich mit Mühe einen Teil ihrer kulturellen Identität zu retten vermochten. Erst der Zerfall des Osmanischen Reiches, die von Westen herüberwehenden Ideen der Französischen Revolution und ein neues, gebildetes Kaufmannsbürgertum gaben ihnen zum Anfang des 19. Jahrhunderts den Mut, von einem unabhängigen Griechenland zu träumen. Für die Griechische Revolution zahlten die Griechen aber einen hohen Preis. Ihr erstes Staatsoberhaupt wurde ermordet, und nur mit der Hilfe der westeuropäischen Garanten ihrer Unabhängigkeit durften sie den Traum weiterträumen. Dafür mussten sie sich Otto I., einen bayerischen Prinzen, als König gefallen lassen. Mit letzter Kraft setzten sie durch, dass er sich zwar „König von Griechenland", nicht aber „König der Griechen" nennen durfte. (Mit ihm begann übrigens die scheinbar endlose Geschichte von Beinahestaatsbankrotten. Das Land entvölkert von den Befreiungskriegen, die Landwirtschaft in den Händen weniger, darunter auch ausländische, Großgrundbesitzer – nur ein letztes Darlehen des bayerischen Königshauses rettete die Griechen vor der ersten Pleite der Neuzeit.)

Nach der Mitte des 19. Jahrhunderts gab es nur noch unübersichtliche Wirren: eine nicht endende Serie von Rücktritten, Abdankungen, politischen Morden und Selbstmorden, Großmachtfantasien, Kriegen mit Landgewinnen und Landverlusten, der Bevölkerungsaustausch der Kleinasiatischen Katastrophe. Der Ersten folgte die Zweite Republik, der Einfall Mussolinis und Hitlers und die unfassbaren Gräuel der deutschen Wehrmacht und SS mit Hunderttausenden Toten durch Ermordung, Deportation und Hunger, dann der Erste und Zweite Bürgerkrieg, die Letzteren zusammen mit dem Zweiten Weltkrieg innerhalb von nur sechs Jahren.

Doch auch dann war das Leiden nicht vorbei. Kaum dass sie die Waffen abgelegt hatten, begann im Land, aufgeteilt in Kommunisten und Antikommunisten, ein kalter Krieg der Worte, der tief bis in die Familien geführt wurde, nur oberflächlich gemildert durch einen zarten wirtschaftlichen Aufschwung. Und so taumelte Griechenland, das gerade erst zur Nation geworden war, durch Unruhen und gewalttätige Auseinandersetzungen, bis die Obristen 1967 putschten und die labile Regierung stürzten. Sie schafften die Monarchie ab, internierten jeden, der ihnen im Weg stand, in Fußballstadien, sie mordeten und folterten, und erst als sie sich im Größenwahn auch noch Zypern einverleiben wollten, weigerten sich die Soldaten, den Befehlen der Obristen zu folgen. 1974 war auch die Diktatur der Militärs zu Ende, verhasst bis ans Ende aller Tage, zumindest bis heute.

Das Glück über den neuen inneren Frieden der Dritten Republik währte 30 Jahre, in denen die Griechen eine für ihre Verhältnisse langweilige Folge von Wechseln zwischen liberal-konservativen und sozialdemokratischen Regierungen erlebten. Aber sie begrüßten den Beitritt zur EU euphorischer als andere, freuten sich über die wirtschaftliche Blüte und den Euro, sie feierten die Olympischen Spiele 2004, für die Athen sich in eine moderne Stadt Europas verwandelte, und, vor allem, den Sieg der Fußballeuropameisterschaft im selben Jahr – überschwängliche Zeiten des Glückes und der Prosperität.

Sie endeten jäh in der Finanzkrise von 2007, die das von hochfliegenden Zukunftserwartungen übertrieben verschuldete Land tiefer traf als alle anderen europäischen Staaten. Der Absturz vieler Griechen in Armut, die Arbeitslosigkeit, der Verlust jedes Gefühls sozialer Sicherheit hat das Land zutiefst verunsichert und den Argwohn gegenüber „dem Westen", mit dem die Patriarchen der Ostkirche sie seit 1000 Jahren geimpft hatten, wieder ausbrechen lassen. Ein Ende ist noch nicht abzusehen.

Wie anders könnte man das aushalten als mit der griechischen Kunst der Weigerung, die Wirklichkeit anzuerkennen? Dir fällt auf: Die Griechen übertreiben im Elend wie in der Feier guter Zeiten. Es scheint, als sei die Übertreibung die Lebensform der Griechen, ja, eine Konstante ihres Charakters. In einer Redensart sagen sie scherzhaft über sich selbst: „Wir leben zweifach über unsere Verhältnisse, versprechen das Dreifache dessen, was wir halten können, wissen viermal so viel wie das, was wir gelernt haben, und wir zeigen unsere Gefühle fünfmal stärker, als wir sie empfinden."

Daraus folgerst du: Die größte Übertreibung der Griechen liegt darin, das Leben mehr zu lieben, als man erträgt. Vielleicht ist dies die größte Tragödie. Eine Studie aus dem Jahr 2013 verdeutlicht dir das: Die Suizidrate in Griechenland verdoppelte sich von 2008 bis 2011. Aber zugleich stellte sie fest, dass sie noch immer die geringste in ganz Europa war.

Du erinnerst dich, dass ausgerechnet ein Deutscher, der Stendaler Archäologe und Kunsthistoriker Johann Joachim Winckelmann, den Griechen eine schwere Bürde auflud. Er verhalf dem Europa des 18. Jahrhunderts zu einem neuen Begriff von Schönheit. „Edle Einfalt und stille Größe" waren seine Parameter hierfür. Winckelmann fand seine Ideale in der griechischen Antike in höchster Form vollendet und stellte sie dem Überladenen des herrschenden Barocks und Rokokos entgegen. In ganz Europa machte er Griechenlands kulturelle Errungenschaft populär und ersetzte die bis dahin übliche Buchgelehrtheit durch eine sinnliche, geradezu erotische Wahrnehmung der griechischen Kunst. (Er hatte übrigens wenig Respekt vor der römischen Antike, die er für eine schlechte Imitation hielt. Dass Statuen, die er in Rom irrtümlich für griechische Originale hielt, aber auch nur römische Kopien waren, änderte an seiner Meinung wenig.) Die Geburtshilfe beim europäischen Klassizismus nach griechischem Vorbild ist wesentlich sein Werk.

Vorbild zu sein, so befürchtest du, drückt schwerer auf die Seele der Griechen als alles andere: Nachfahren eines Volkes, das die höchsten Hochkulturen in Europa geschaffen hat, das die „Wiege der Demokratie" gezimmert und Bauten und Kunstwerke errichtet hat, die in aller Welt als „schön" gelten. Jedem Griechen, jeder Griechin ruft es entgegen, bei jedem Schulausflug zur Akropolis, von den Touristen, im Ausland: Ihr dürft nicht bloß Bauern und Fischer sein – ihr seid doch Kinder des Perikles! Wie kann es sein, dass euer Land heute so verloren wirkt? Dabei wird dir klar, dass es vollkommen andere Zeiten sind. Es ist ebenso unsinnig, wie wenn du dich an den frühen Germanen messen lassen müsstest. Nur wäre vielleicht deine Kränkung größer. Vielleicht, denkst du, erwuchs aus dem Erbe ja auch ein Ego, das ein wenig zu groß ist für ein solch kleines Land.

„Die Wahrheit über die Götter kennt keiner", sagte Xenophanes. Den Satz nahmen sich die Griechen zu Herzen. Das als unzulänglich empfundene Weltbild trieb sie früh in die liebenden Arme der Philosophie. Darein retten sie sich bis heute, wenn auch Aristoteles' Macht des Logos ihnen vielleicht weniger einleuchtend erscheint als seine Lehre, in der Ethik das Glück zu finden. Viel mehr sagt ihnen der Rat der Stoiker zu, das Los anzunehmen und mit Gelassenheit zu Weisheit zu gelangen. Vor allem aber lieben sie die Philosophen der Epikureer und Hedonisten (auch wenn sie ihnen merkwürdigerweise kaum Denkmäler bauten). Deren Protagonist, Aristippos, unterschied drei Zustände der Seele: den Schmerz, die Lust und die vollkommene Seelenruhe. Nach ihm ist das höchste Ziel des Daseins die gelassene Lust. Diese bestehe aber nicht in körperlichen Genüssen, sondern gerade in der vom Übermaß der Lust wie des Leides freien Seelenruhe. Denn sowohl positive als auch negative Empfindungen erschütterten die Seele, sie rissen sie aus dem Gleichgewicht und verursachten Leid.

Die Griechen folgerten daraus, dass es hilfreich ist, der Unsicherheit aus der Geschichte, dem Unvermögen aus seiner politischen Verfasstheit, der Last des kulturellen Erbes mit einer Eigenart zu begegnen, die ihnen typisch geworden ist: nämlich mit dem Gemüt zu denken.

Diese Eigenschaft findest du in allen Lebensbereichen der Griechen und am deutlichsten in ihrer Familie. In kaum einem Land Europas hat Familie einen höheren Rang. Sie steht über allem; sie ist der Paradeplatz ihres Gemütsdenkens. In ihr finden Griechen am ehesten zu epikureischer Seelenruhe. Dich erstaunt die tiefe Selbstverständlichkeit, mit der Kinder nach der Schule in der Taverne der Eltern aushelfen, mit der die Studentin aus Athen am Wochenende die ausländischen Mieter des Familienferienhauses auf dem Land betreut, mit der die Großmutter zum sonntäglichen Familienessen das Gemüse putzt. Du wunderst dich nicht zu erfahren, dass der Anteil alter Menschen, die in Seniorenheimen leben, in Griechenland so gering ist wie in nur wenigen anderen Ländern Europas.

Vergiss nicht das Meer bei der Erkundung der griechischen Seele! Seine Allgegenwart, der wegen der einzigartigen Geografie nirgends mehr Menschen eines Landes gewahr sind als die Griechen, verhilft ihnen ebenso zur Seelenruhe. Der Anblick des Unendlichen, die darauf folgende Entfremdung vom Alltag, die Entgrenzung der Seele, die Ablenkung vom Bewusstsein, die die darunterliegenden Gefühle aufsteigen lässt – das Meer scheint ihnen den Raum zu geben für den Umgang mit ihren Ängsten, ihren Schuldgefühlen und sie mit jener Ausgeglichenheit, nach deren Ursachen du suchst, zu beschenken.

Ein Satz aus Homers Odyssee – die in jeder griechischen Schule zuoberst im Curriculum steht – lautet: „Lieber möchte ich als Sklave einem armen Mann dienen, als Fürst der Toten zu sein." Der Satz macht dich grübelnder, als es ein Grieche sein würde. Obwohl die Gottesdienste inbrünstiger als sonstwo sind, ist seine Vorstellung von Transzendenz offenbar ganz und gar irdisch.

Ein letztes Mal ziehst du den zeitgenössischen Philosophen Nikos Dimou zurate. „Wird dieses Volk jemals sein Gesicht finden? Oder ist die Widersprüchlichkeit womöglich das wahre Gesicht? Griechenlands Gesicht: ‚Wo viele Stellen sichtbar sind und viele verborgen'. Besser so. Denn vielleicht würde man es nicht aushalten, dem Ganzen mit offenen Augen gegenüberzustehen. Das Licht würde uns blenden. Das ‚himmlische und schwarze Licht'."

KARL SPURZEM

FAMILY HOTEL

ΘΥΟΠΩΛΕΙΟ
¨Η ΠΑΡΟΣ
6932 270646
210 4124741
ΠΑΡΟΣ
ΙΧΘΥΟΠΩΛΕΙΟ
¨Η ΠΑΡΟΣ¨
210 4124741 6932 270646
LACOSTE
DORS
LASKARATOS
clothing collection
since 1957
Pet Sho
ΤΡΟΦΕΣ
ΑΞΕΣΟΥΑΡ
ΜΙΚΡΩΝ ΖΩΩΝ & ΠΤΗ
“Η ΠΑΡΟΣ”
ΔΡΑΓΑΤΣΗΣ κ' ΣΙΑ Ο.Ε.

ww.moneygram
ANGE USD

VSL
PANAGIA TINOU

ALPHA BANK

HOTEL
ELECTRA
ΛΟΥΜΙΔΗ
ΜΑΡΞΙΣΜΟΣ

SEA LINES

ΚΑΠΝΟΥ 1941 TOBACCO HOUSE
ΝΙΚΟΣ ΑΓΑΘΟΣ
SILK CUT

ATLANTIC

BOSCH

TAVERNA
ELENI
CRETAN COOKING

ΚΑΤΕΔΑΦΙΣΗ
ΠΑΡΑΚΑΛΩ ΜΗΝ
ΠΑΡΚΑΡΕΤΕ

ΑΓ ΝΙΚΟΛΑΟΣ ΛΘ 1349

ΚΟΥΤΡΟΥΛΗ

ΘΥΡΑ 4
ΠΑΤΡΙΣ

APPENDIX

09 Santorin – auch Thira genannt – ist eher Archipel als Insel. Vulkaneruptionen ließen eine Caldera entstehen, deren westlicher Rand zum Teil im Meer versunken ist.

17 Die Inselwelt Griechenlands. Das Land stellt mit 3054 Inseln rund 82 Prozent aller Inseln des Mittelmeers, ihre Fläche beträgt aber gerade ein knappes Viertel von allen.

18 Spyros Syrigos mit seinen Pferden am Strand von Santorin. Der frühere Nachtclubbesitzer organisiert heute Ausritte für Touristen.

19 Die Kapelle des heiligen Ioannis Prodromos. Sie macht sich klein vor dem nahe gelegenen berühmten Poseidontempel am Kap Sounion.

20 475 Kapellen gibt es auf Santorin. In der osmanischen Epoche ging Grundbesitz nach dem Tod des Eigentümers auf die Besatzer über; wenn aber eine Kapelle darauf stand, an die griechisch-orthodoxe Kirche.

22 Themis Kapetsonis in seinem alten Citroën. Der in Paris geborene Stoffdesigner arbeitete lange für die Modeindustrie. Heute lebt er zurückgezogen auf Santorin, wo er einen Hundesalon betreibt.

25 Ein Landstrich nahe Akrotiri auf Santorin. Akrotiri war eine blühende Stadt der Kykladenkultur der Bronzezeit. Anders als in Pompeji konnten die Bewohner jedoch rechtzeitig auf Booten fliehen.

26 Katerina und Themis, ein Liebespaar, sind beide Musiker auf Santorin. Sie spielt Bouzouki, Themis Gitarre. Bevor sie in der nahen Taverne auftreten, machen sie am Strand eine Pause.

28 Die frühere Taverne hoch über dem Meer am südwestlichen Zipfel Santorins ist heute ein Mehrgenerationenhaus und beliebter Spielplatz der Kinder.

29 Taubenzucht ist ein Lieblingszeitvertreib der Santoriner. In der griechischen Mythologie sind Tauben verehrt als Plejaden – verwandelte Begleiterinnen der Artemis –, ein bekanntes Sternbild.

30 Andreas Makaris und Kristi Kapetanaki sind ein Künstlerpaar. Auf Santorin betreiben sie eine Töpferei. In ihrem Atelier unterrichten sie Studenten aus dem ganzen Land.

31 Die Hände der beiden. Sie sind ihr einziges Werkzeug.

32 Der Kunsttöpfer Andreas Makaris. Seit 1985 lebt er auf Santorin. Der vielfach ausgezeichnete Künstler kam von Athen hierher, angezogen von der mythischen Landschaft und der Ruhe.

33 Sonnenuntergang über Ia. Zahllose Herrscher hinterließen ihre architektonischen Spuren in dem Ort im Norden Santorins. Ein Regierungsprogramm zu ihrem Erhalt wurde international ausgezeichnet.

34 Blick von Korfu-Stadt auf die albanische Küste, gesehen durch eine Spiegelung.

35 Korfu ist die Hauptstadt der gleichnamigen Insel im Ionischen Meer. Seine Altstadt ist geprägt von venezianischen Bauten, Zeugen der von 1204 bis 1864 währenden Herrschaft der Dogen über die Stadt.

37 Ein Hof einer Kapelle in Ia auf Santorin, bunt geschmückt.

38 Schattenspiel an einer Hausmauer in Ia auf Santorin. Die einstigen Behausungen einfacher Fischer sind heute gefragte Immobilien; ihre Preise zählen zu den höchsten in ganz Griechenland.

39 Die Fischerin Anna im Hafen von Ammoudi auf Santorin. Sie fängt Kleinfische, die, gemehlt und frittiert, ein Lieblingsgericht der Santoriner sind.

40 Die Akropolis in Athen. Sie ist die bekannteste der als „Akropoleis" bezeichneten Stadtfestungen des antiken Griechenlands. Der Staatsmann Perikles ließ sie im fünften Jahrhundert v. Chr. erbauen.

43 Eine Straßenzene in Piräus. Der Athener Stadtteil hat den größten Passagierhafen der Welt. Knapp 20 Millionen Passagiere alljährlich nutzen von hier die Fährverbindungen zu nahezu allen griechischen Inseln.

44 Ein Passant auf der Hauptstraße Akti Posidonos in Piräus. Hier befinden sich die meisten Schiffspassageagenturen der Stadt.

45 Die „Panagia Tinou" in Piräus. Das Schiff fuhr im Liniendienst zwischen England und Frankreich, später im Netz der griechischen Inselfähren. 2016 bekam es nach Wassereinbruch Schlagseite.

47 Piräus, gesehen vom Musenhügel südlich der Akropolis. Er bildet gemeinsam mit der Akropolis, der Pnyx, dem Nymphenhügel und dem Lykabettus eine Bergkette, die sich durch Athens Stadtgebiet zieht.

49 Szene in der Straße Navarinou in Piräus. Hier liegt die Metrostation Piräus, Haltepunkt der Hauptlinie M1, die durch Athens Zentrum nach Süden zum Hafen führt.

50 Im Hafen von Piräus. Im Zug der griechischen Staatsschuldenkrise verpachtete Athen trotz öffentlicher Proteste die Hälfte des Containerhafens 2009 für 35 Jahre an ein chinesisches Staatsunternehmen.

52 In Korfu schaut eine ältere Dame von ihrem Balkon auf das österliche Lichterfest in den Straßen. Die Osterfeiern sind das bedeutendste religiöse Ereignis des Jahres.

53 Ein junge Frau trägt in der Osternacht das „heilige Licht" von der Messe nach Hause – in der Hoffnung, dass die Kerze nicht erlischt. Zu Hause wird sie mit dem Rauch ein Kreuz über ihrer Haustür zeichnen.

54 In Palia Perithia auf Korfu. Die Häuser im ältesten Dorf der Insel wurden vom 15. bis zum 17. Jahrhundert erbaut. Erst um 1950 begann die Landflucht. Der einst wohlhabende Ort wurde zu einem Geisterdorf.

56 Ein Friedhof in einem Bergdorf auf Korfu. Die griechisch-orthodoxe Begräbniskultur hat einen hohen Rang. Trauerfeiern dauern tagelang, für aufwendige Grabstätten verschulden sich Familien oft.

57 Osterprozession in Korfu-Stadt. Am Karfreitag schreitet jede Gemeinde die Grenzen der Pfarrei ab. Die Umzüge beginnen mittags und dauern bis abends. Unzählige Menschen säumen die Straßen.

58 Die älteste Tabakhandlung in Korfus Altstadt. Auch sie ist, wie nahezu alle Häuser im historischen Zentrum, in einem Haus im venezianischen Stil untergebracht.

59 In Heraklion auf Kreta. Die Brüder Yannis, Imker, und Vasilis, Tätowierer, rauchen nach dem Angeln eine Zigarette, ehe sie nach Hause gehen – ein Ritual. Hier tauschen sie Neues aus und entspannen sich.

60 Im Hafen von Korfu, mit Blick auf Albaniens Küste. Die Fähre aus dem albanischen Badeort Saranda fährt ein. Seit dem Ende des Warschauer Pakts gibt es wieder rege Verbindungen zwischen den Städten.

61 Das Liebespaar Danae Papastourou und Spiros Alexakis schaut aus dem Auto ankommenden Flugzeugen bei der Landung auf dem Flughafen von Korfu zu. Für die beiden ist es ein träumerischer Ort.

62 Die Lagune von Gramvousa mit ihrem zartrosa Muschelsand ist eine der schönsten Natursehenswürdigkeiten im Westen Kretas. Nur ein mühsamer Pfad führt hierher, weshalb Touristen Ausflugsschiffe bevorzugen.

64 Mátala an Kretas Südküste. In den 1960ern lebten in den Strandhöhlen Hippies aus aller Welt, darunter viele Vietnamkriegsgegner. Auch die Musiker Joni Mitchell, Cat Stevens und Bob Dylan waren hier.

65 Eleni, die Besitzerin der Taverne „Eleni" am Strand von Mátala. Sie putzt, wie jeden Morgen, das Gemüse für den Tag. Ihr Vater und ihr Großvater waren Fischer.

66 Der Kreter Giorgos bietet Wandertouren für Touristen an. Der Laden zu seinen Füßen hat alles im Angebot, was man für einen langen Strandtag benötigt.

67 Sonnenaufgang über Kretas Hauptstadt Heraklion. Die Straße Leoforos 62 Martiron war einst Teil der alten Magistrale, die die Städte der Nordküste verband. Heute durchschneidet sie die westliche Neustadt.

68 Warten auf die ersten Gäste des Abends. Der Wirt der Taverne „Sirtaki" in Mátala an Kretas Südküste genießt die Ruhe vor dem Ansturm der Touristen.

69 Stillleben auf Santorin. Die typischen Kykladenhäuser sind stets nach Südosten gerichtet und messen drei mal vier Meter. Ihre Wände sind aus Wärmeschutzgründen dick, die Fenster aus dem gleichen Grund klein.

71 Ein Blick durch die dichte Tavernenreihe am Strand von Mátala auf Kreta. Nach der griechischen Sage war hier der Ort, an dem Zeus in Stiergestalt mit der entführten phönizischen Prinzessin Europa an Land ging.

72 Auf dem Philopappos, dem Musenhügel, in Athen. Das Monument des syrischen Prinzen Gaius Iulius Antiochus Philopappus auf seinem Gipfel ist von weither aus nahezu der ganzen Stadt zu sehen.

73 Die Marmorbüste einer Priesterin aus dem dritten Jahrhundert n. Chr. in der Stoa des Attalos. Die Rekonstruktion der antiken Wandelhalle zu Füßen der Athener Akropolis stiftete der US-Ölmagnat Rockefeller.

75 Die Marienkapelle in der Bucht von Parga. Der malerische Ort ist das beliebteste Ausflugsziel für Touristen und Einheimische an der Küste Epirus', Griechenlands nordwestlichster, an Albanien grenzender Provinz.

77 Ein Fischer bei der Arbeit auf der Halbinsel Analipsi auf Korfu. Nahebei liegen die Klosterinsel Vlacherna und die „Mäuseinsel", die beiden meistfotografierten Orte der Insel.

78 Abendstimmung in einem kretischen Bergdorf. Lange litten die entlegenen Weiler unter der Landflucht. Nicht zuletzt Ausländer, die sich hier niederließen, retteten manche von ihnen vor dem Verfall.

80 Die malerischen Ruinen des berühmten antiken Tempels des Meeresgotts Poseidon. Es ist wichtigster Anziehungspunkt am Kap Sounion, gelegen an der südlichsten Spitze Attikas, eine Autostunde von Athen entfernt.

82 Die Lagune von Bálos im Westen Kretas. Bis weit in die 1970er blieb sie vom Tourismus übersehen. Heute sind Tagesausflügler aus den Hotelzentren die Lebensgrundlage der umliegenden Gemeinden.

83 Eine Straßenszene an der Meerespromenade in Heraklion auf Kreta. Nur wenige Meter von hier beginnt der Trubel des Hafens und des Venizelou-Platzes, des Wohnzimmers der Einwohner der Stadt.

84 Der Mönch Parthenios im Kloster Koudoumas. Es liegt südlich von Heraklion an Kretas einsamer Südküste, teilweise errichtet in den Einsiedlerhöhlen des Kap Martelos und nur mühsam zu Fuß erreichbar.

85 Am Kap Martelos. Die Einsiedlerhöhlen beeindrucken mit Stalaktiten, Stalagmiten und gewaltigen Säulen. In der Antike waren sie der Fruchtbarkeitsgöttin gewidmet. Seither kamen kinderlose Frauen hierher.

86 Der Arm des Tätowierers Vasilis, Tätowierer in Kretas Hauptstadt Heraklion. Die Krebse in der Hand sind seine Köder zum Angeln.

87 Stillleben in einer Kapelle auf Kreta. Die Frömmigkeit der meisten Einheimischen ist in Griechenland unübertroffen. Sie wird von Athenern gelegentlich belächelt.

88 An einem Strand auf Kreta. Die Insel verfügt über ungezählte einsame Strände von berückender Schönheit. Die meisten von ihnen hat nie ein Tourist gesehen.

89 Ero Alykatora lebt auf Kreta, kommt aber ursprünglich aus Athen. Sie hat in England studiert und ist freie Übersetzerin für Deutsch und Englisch und spricht Japanisch.

91 Die Nördlichen Sporaden, die „verstreuten Inseln", in der Ägäis, gesehen beim Landeanflug auf Athen. Gut 135 Inseln umfasst ihr Gebiet.

92 Die Georgskirche bei Ia auf Santorin im Vollmond. Mit ihrem markanten Glockenturm gilt sie als die schönste Kirche der Insel, spektakulär über dem Meer gelegen, ideal auch für Sonnenuntergänge.

94 Die Künstlerin Kristi Kapetanaki (Seite 30), die Freundin des Künstlers Andreas Makaris, spielt am Abend Bouzouki vor ihrem Haus auf Santorin.

95 Ein unbekannter Santoriner wartet bei einer Zigarette in seinem Auto.

97 Themis Kapetsonis (Seite 22) in einer früheren Taverne auf Santorin. Außer den Hunden ist seine Leidenschaft das Langstreckenschwimmen im Meer. Bei jeder Gelegenheit sei er im Wasser, sagt er.

98 Im Hafen von Ammoudi auf Santorin. Die Fischerei in der Ägäis ist nahezu bedeutungslos geworden. Sorglosigkeit führte dazu, dass Fisch in den Inselrestaurants teuer ist – und meist Tiefkühlware aus dem Ausland.

99 Der Leuchtturm von Akrotiri auf Santorin gehört zu den ältesten des Landes. Er ist umgeben von Überresten minoischer Kultur. Forscher vermuten, dass hier einst eine Hochwassermarke der Minoer lag.

100 Mutter Anna und Sohn Spiros in ihrer Taverne „Hellas" in Perissa im Südosten Santorins. Die Gäste kommen von weither zu ihnen. Sie loben die besondere Authentizität der Küche.

103 Auf Zakynthos. Die einstigen Herren, die Venezianer, gaben der Insel im Ionischen Meer den Beinamen „Blume des Ostens". Heute ist Zakynthos berühmt als Nistplatz der Unechten Karettschildkröte.

105 Die Tholos im Heiligtum der Athena Pronaia in Delphi. Die Stadt war für ihr Orakel berühmt. Es weissagte der Pythia, der amtierenden Priesterin, die sich mit Dämpfen berauschte, wichtige Fragen zur Zukunft.

106 Die „Schmugglerbucht" Navagio ist das beliebteste Ausflugsziel auf Zakynthos. 1980 strandete hier das Zigarettenschmugglerschiff „Panagiotis", als es bei Sturm einen Maschinenschaden erlitt.

108 Wellenbrecher in einem Hafen von Ikaria. Auf der Insel der Südlichen Sporaden nahe dem türkischen Festland beerdigte der Sage nach Dädalus seinen Sohn Ikarus, nachdem dieser hier ins Meer gestürzt war.

109 Eine Bar auf Ikaria. 1948, nach dem Bürgerkrieg, verbannten die siegreichen Nationalisten 13 000 Kommunisten hierher. Die Bewohner der „roten Insel" sind bis heute stolz darauf. Die KP ist immer die stärkste Partei.

110 Ein ikarischer Feuerwehrmann. 2012 stiftete der mareverlag der Insel ein gebrauchtes Löschfahrzeug der Bremer Feuerwehr. Mitten in der Schuldenkrise hatte Athen den Ikarianern ein neues verwehrt.

111 Ein Ausguck der Feuerwehr auf Ikaria. Die Insel wird alljährlich von heftigen Waldbränden geplagt, ausgelöst meist durch Funkenschlag an den Isolatoren der Überlandstromleitungen. 1993 starben so 14 Menschen.

112 Das Kloster Arkadi spielte eine zentrale Rolle im kretischen Unabhängigkeitskampf. 1866 opferten sich hier 964 Kreter, indem sie ein Pulverlager zündeten. Auch 1500 osmanische Angreifer kamen dabei ums Leben.

114 Der Mönch Parthenios vor seinem Kloster Koudoumas. Zweimal in der Woche erntet er Salz aus der alten Saline am Meer. Fünf Stunden arbeitet er dort, barfuß. Dabei holt er sich viele Wunden.

115 Das Kap Tigani an Kretas Westküste ist durch eine flache Landbrücke mit der Landmasse von Kreta verbunden. Sie besteht aus Naturzement, in dem sich Wasserlöcher gebildet haben.

116 Ein Idyll in Kalamaki. Der flache Küstenstrich, auf dem die erste Resorthotellerie in Kretas Süden entsteht, steigt sanft ins Hinterland an – bis Phaistos, neben Knossos das wichtigste Zentrum der minoischen Kultur.

118 Anastasios Papadakis ist Bauer auf Kreta. Regelmäßig pilgert er zu dem Kloster Arkadi (Seite 112) südöstlich von Rethymno, dem Inbegriff des kretischen Widerstands gegen die einstigen muslimischen Besatzer.

120 Eine unbekannte Kreterin in Heraklion. Die Nordküstenmetropole ist eine junge, dynamisch wachsende Stadt. Die Universität und Forschungszentren ziehen Griechen aus allen Landesteilen an.

121 Eine lange aufgegebene Taverne in Kretas Hinterland. Alles steht noch so da wie am letzten Abend – als habe jemand die Uhr angehalten. Nur der Staub zeugt von der vergangenen Zeit.

122 Ero (Seite 89) mit ihrem Freund Dimitris Kornaros bei einer Wanderung an Kretas Küste. Er ist Mathematikprofessor in Athen, Spezialgebiet Multidimensionale Systeme. Außerdem ist er Wanderführer.

123 Am Abend fahren die Fischer von Mátala hinaus aufs Meer. Hier, an Kretas Südküste, sind ihre Fänge nicht ganz so mager wie in den übrigen Meeren Griechenlands, aber weit entfernt von früheren Mengen.

125 Ein Mann liest Zeitung in einem Kafenio in Heraklion auf Kreta. Die traditionellen Kaffeehäuser sind eine griechische Institution – soziale Mittelpunkte, noch vor 30 Jahren oft den Männern vorbehalten.

127 Ein Kraftwerk in Heraklion. Jüngst hat sich Kreta mit Plänen für Fotovoltaikgroßanlagen zur Energieversorgung des Mittelmeerraums ins Gespräch gebracht, dank seiner günstigen Bedingungen.

128 Umzug zum Osterfest in Korfu. Hier beginnen die Feiern schon am Palmsonntag, wenn die Reliquien des heiligen Spyridon, des Schutzheiligen der Insel, durch die Stadt getragen werden, begleitet von 15 Orchestern.

129 Ein Gemäuer am Park des Schlosses Mon Repos, der sich über die korfiotische Halbinsel Analipsi erstreckt. Mon Repos gehörte bis 1994 dem britischen Königshaus; Prinz Philip wurde hier 1921 geboren.

130 Eine Straße in Korfu. Trotz Zerstörungen im Zweiten Weltkrieg ist sie gut erhalten. Ihr Reiz und ein einzigartig mildes Mikroklima machen Korfu heute zu einer bis heute begehrten – und teuren – Residenzstadt.

131 Eftihia Mavropoulou lebt in Korfu. Der Auftritt der jungen Nachwuchssängerin bei der griechischen TV-Talentshow „The Voice" machte sie landesweit bekannt.

132 Die Küste von Paleokastritsa bei Vollmond. Der Ort an Korfus Westküste mit seinen prächtigen Zypressen ist bei Urlaubern beliebt. An diesem Strand soll Odysseus der Prinzessin Nausikaa begegnet sein.

133 Der Bootsbauer Dionisis Germeuis hat den Betrieb im Hafen von Korfu vom Großvater seiner Frau übernommen. Das Boot hinter ihm gehört einem englischen Freund. Dionisis will es ihm restaurieren.

135 Die Küstenlandschaft bei Paleokastritsa auf Korfu. Das für mediterrane Verhältnisse überaus gemäßigte Klima trug ihr den Beinamen „die grüne Insel" ein. Hier gedeihen Oliven, Wein und Zitrusfrüchte.

136 Die Osterprozession in Korfu. Sie zieht nicht nur Touristen aus dem Ausland an. Aus allen Teilen Griechenlands kommen die Gläubigen, um die aufwendigen Zeremonien zu sehen.

137 Unzählige Schwalben bevölkern im Frühjahr die Kirchtürme von Korfu. Die Stadt liegt auf der Zuglinie der Vögel, wenn sie aus ihren Winterquartieren nach Nord- und Mitteleuropa zurückkehren.

139 Parga liegt am Endpunkt einer landschaftlich reizvollen Küstenstraße am Ionischen Meer. Schon im Mittelalter war der Ort beliebtes Reiseziel. Ihr berühmtester Sohn ist der Großwesir Makbul Ibrahim Pascha.

141 Vater und Sohn auf dem Weg zu der kleinen Klosterinsel Vlacherna auf Korfu. Das malerisch gelegene Kloster nimmt fast das ganze Inselchen ein. Um 1700 wurde es erbaut, heute ist es verlassen.

143 Gläubige bei der Sonntagsmesse in einem Bergdorf auf Kreta. Der Anfang der Kirche auf Kreta geht zurück auf eine der Missionsreisen des Apostels Paulus, der hier die erste Gemeinde gründete.

145 Der Sonnenuntergang über Santorin ist ein Naturspektakel, schöner als jede Hollywood-Inszenierung. Keine Insel steht so sehr für Romantik wie diese. Hochzeitsreisende wissen das zu schätzen.

DANKSAGUNG

DER FOTOGRAF

Jan Windszus, 1976 in Hildesheim geboren, studierte Grafikdesign mit Schwerpunkt Fotografie an der Hochschule für angewandte Wissenschaft und Kunst Hildesheim. Nach dem Abschluss ging er nach Berlin, wo er heute als freier Fotograf arbeitet. Windszus publiziert in renommierten Magazinen und Büchern. Sein erster mare-Auftrag führte ihn 2007 nach Kalifornien. Seither bereist er für das Magazin die Meere der Welt. 2013 erschien sein Bildband „Lissabon" im mareverlag.

Auf den Reisen durch die Inselwelt Griechenlands verstand ich, dass es wichtiger war zu verweilen, als in Bewegung zu sein. Es braucht Zeit, Geduld und Vertrauen in den Zufall, um einer Kultur und den Menschen, die sie prägen, näherzukommen. mare gab mir diese Zeit, dafür möchte ich danken.

Besonderer Dank gilt Nikolaus Gelpke für das in mich gesetzte Vertrauen, die wundervolle Zusammenarbeit und die damit verbundene Freude am Projekt. Außerdem danke ich Anna Boucsein und Petra Koßmann für die Gestaltung, Karl Spurzem für die Texte, Andrea Best für die Vorbereitung der Fotografien für den Druck.

Ich danke Amanda Brink für die Einblicke in das Leben auf Santorin, Giorgos Vlachopoulos für die Inspirationen auf Korfu, Jaro Suffner für die Unterstützung und den vielen anderen, die mir während meiner Reisen behilflich waren. Ein großer Dank geht an die Menschen, die ich porträtieren durfte, für ihr Vertrauen und die wunderbaren Erlebnisse, die wir teilen konnten. Ohne sie hätte dieses Buch nicht entstehen können.

Liebevoll danke ich Judith und Linda für das Vermisstwerden sowie Christa und Manfred für die Vertretung zu Hause. Ich danke allen im mareverlag, die mit Leidenschaft, Engagement und Können die Publikationswelt einzigartig bereichern.

HERAUSGEBER
Nikolaus Gelpke

FOTOGRAFIE
Jan Windszus

GESTALTUNG
Anna Boucsein

BILDREDAKTION
Nikolaus Gelpke, Anna Boucsein

TEXTE / TEXTREDAKTION
Karl Spurzem

SATZ / REPRODUKTION
Andrea Best

KARTE
Peter Palm

PRODUKTION
HS Printproduktion, Holger Schmirgalski

KORREKTORAT
Susanne Feyke

DRUCK
Ruksaldruck GmbH + Co. KG, Berlin

DRUCKTECHNIK
Dieses Buch wurde mit der hochpigmentierten Farbserie high body von Jänecke + Schneemann Druckfarben GmbH im 120-L/cm-Feinraster produziert.

BINDUNG
Stein + Lehmann GmbH, Berlin

PAPIER
Condat matt Périgord 170 g/m²

Pickhuben 2, 20457 Hamburg
Telefon +49 40 369 859-0, www.mare.de

ISBN 978-3-86648-287-6